A mi hermosa hija

ISBN: 978-1-59842-990-9

Artes Monte Azul es una marca comercial registrada en los EE.UU. y en otros países. Algunas marcas comerciales son usadas por licencia.

Impreso en China.
Segunda impresión en español: 2017

Este libro se imprimió en papel reciclado.

Este libro está impreso en papel que ha sido producido especialmente para estar libre de ácido (pH neutro) y no contiene madera triturada ni pulpa no blanqueada. Cumple todos los requisitos del American National Standards Institute, Inc., lo que garantiza que este libro sea duradero y pueda ser disfrutado por generaciones futuras.

Blue Mountain Arts, Inc.
P.O. Box 4549, Boulder, Colorado 80306, EE.UU.

A mi hermosa hija

JENNY KEMPE

Artes Monte Azul™
Blue Mountain Arts, Inc., Boulder, Colorado

Desde un principio…
fuiste perfecta.

Tienes gracia.
Tienes belleza.

Mi mundo se ilumina
con tu risa.

Eres mi orgullo constante…

…y mi preocupación constante.

Tienes un corazón de oro…

…que se encariña con facilidad.

Tú sabes cómo hacer amigos…

…y cómo conservarlos.

Siempre has tenido buen ojo
para las cosas hermosas.

Matemáticas
para pingüinos

Eres inteligente y fuerte.
Lo que sea que
se te ocurra,
puedes hacerlo.

DÉJAME
TRANQUILA

Aunque no siempre vemos
las cosas de la misma manera…

…ten presente que
en lo profundo,
yo acepto y amo
todo lo que tú eres.

Tu felicidad significa más
que todo lo demás para mí.

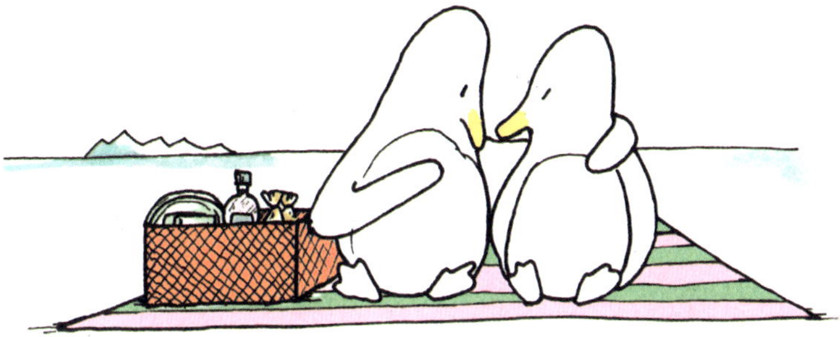

Tu dicha es mi dicha.

Tu dolor es mi dolor.

Tú eres dueña de tu vida.

Yo he aceptado que
tú tomas tus propias decisiones
y tienes un estilo
propio.

¡Lo he aceptado!

Tú has encontrado
tus propias aventuras
y habilidades
y ambiciones que cumplir.

EL
MUNDO

Tienes lugares donde estar
y amigos para ver;
caderas que mover
y corazones que romper;
ofertas para encontrar
y zapatos para comprar;
paisajes para ver
y un mundo para salvar.

No hay montaña
demasiado alta para ti...

Donde sea que quieras ir,
sea lo que sea que quieras hacer:
sé que siempre
encontrarás tu camino.

Hermosa hija,
siempre has sido mi dicha,
mi más preciado tesoro.

Siento un orgullo enorme por ti.

Te amo más
de lo que las palabras
pueden expresar.

Acerca de la autora

En el año 2009, superada por las interminables malas noticias que aparecían en los medios, Jenny Kempe decidió tomarse seis meses de licencia de los diarios, la TV y la radio. Dirigió su atención hacia las cosas de la vida que la hacían feliz: los amigos, la familia y tomarse el tiempo para simplemente ser. Como resultado, Jenny creó este libro para regalar, maravillosamente alegre y positivo que está diseñado para dibujar una sonrisa en el rostro de la persona que quieres.